009　　　　　　　　　　　　　　　구원

정성주 원경 윤지영 서현종 김세연
배지예 강혁준 은우 도 이유로 여름
유인영 24park 김수린 원아영 연정오
주제균 안수정 김파랑 김현주 인유 천인하
서가인 호임 신제하 이지선 최료 조민제
유신 김구호 안지민 남기윤 고감래
최시원 진지혜 조형민 김규림 영안 서담
하연 정민희 한요나 배강현 조혜인
황예빈 여휘운 임지연 임명화 임아진
김태우 유선아 이재화 유지민 김영서

당신이 쥐고있는 게 구원이 맞습니까?

2022년 9월

I

꿈 베개 정성주	13
영永 원경	14
평생토록 구원 윤지영	15
알고 있나요 서현종	16
Take 2 김세연	18
겨울 정원 : 영생에는 동그라미가 세 개나 있다 배지예	20
구球를 바란 원圓의 소원 강혁준	22
그 시의 이름은 구원 은우	24
나락 도	26
다 해서 구원입니다 이유로	28
동거 여름	29
대홍수 유인영	30
바늘 24park	32
비바리움 김수린	34
스트라이크 원아영	35

사과 사탕 연정오	36
인공호흡 주제균	38
연민 안수정	40
유기 김파랑	42
언니야 김현주	44
저온화상 인유	46
지렁이 천인하	48
털보아저씨네 동네책방 서가인	49
아사하지 못합니다 호임	50
해방 신제하	51
8월 이지선	52
Pietà 최료	54
파랑 조민제	56

II

모종某種 유신   61

추억 수놓은 액자를 아십니까 김구호   62

사적인 관찰 안지민   64

I AM GAY 남기윤   66

각자의 침몰 고감래   68

고래 최시원   70

공 진지혜   72

구에서 일을 구원에서 구원을 조형민   74

球圓 김규림   76

구원 영안   78

구원의 문장 서담   80

금붕어 하연   82

머지않은 미래에서 정민희   85

베개 한요나   86

빛줄기 배강현	88
성형외과 김숙희 씨 조혜인	90
스위치 황예빈	92
시인 지망생 여휘운	94
염장鹽藏 임지연	96
영혼의 허기 임명화	98
줄리엣 살리기 임아진	100
토마토 바질 에이드 김태우	101
윤회 유선아	102
청록 인간 이재화	105
위탁 수화물 유지민	108
해 김영서	110
	112

○ 작가명은 작품 첫 장의 쪽 번호 옆에 표기하였습니다.

I

꿈 베개

내 팔에 너의 꿈이 피어날 때도 있었다. 감은 눈을 응시하면 밤하늘의 모든 별들이 너에 대해 이야기했다.

그 무엇을 할 수 있을까. 사랑 또는 이별이 아니면 우리가 그 무엇을. 우리의 끝자락에 자꾸만 노을이 지려 할 때마다 나는 두 눈을 질끈 감았다. 이제 더 이상 이 별에 아름다운 이별은 없어. 아름다운 사람만 있을 뿐. 너를 바라보는 달이 하늘빛으로 물들어 갈 때면 나는 세상의 모든 거짓말을 삼킬 수 있었다. 영원부터 구원까지의 순간을 축약한 너의 숨소리만 세상에 오롯이 남기고.

세상이 아무리 소란스러워도 나는 꼭 서로의 고요가 되어줘야지. 시끄럽고 혼잡한 파도들 사이 나는 네가 사는 낭만의 섬이 되어 주기로 약속하고, 흐린 날의 빈곤한 폭죽 같은 사랑에 침잠하다 잠에 들면, 새벽빛으로 소멸하는 세상의 모든 별들이 우리에 대해 이야기했다.

정성주

영永

네 이름을 부르는 데는 영 한 글자면 족했다

영
아, 하나 둘 셋
숫자를 다 세면 그때부터 눈을 감는 거야 알겠니 우린 지금 서로를 향해 달려가고 있어 너도 알다시피 말하자면 이건 치킨게임 같은 거지 먼저 브레이크를 밟는 사람이 지는 게임 말이야 우리가 광속으로 부딪힌대도 눈을 떠서는 안 돼 그게 규칙이니까

그래도 클락션을 울리진 말자 귀가 너무 아프니까 아프니까 청춘이라니 그 사람은 그런 청춘 실컷 하래지 영아 우리 청춘이 그런 거라면 그만하자 그냥 눈 딱 감고 서로 부딪히자 걱정 없이 부대끼자

영아
네가 내 끝임을 너는 아니
영아, 영

평생토록 구원

아득하게 멀고 오래된, 영원하고도 무궁한
구원에는 이런 의미도 있더라.

구원의 의미를 그리다
느닷없이 언니가 떠올랐어.

고통에서 건져내는 일만 구원이라고 여겨서
언니가 더 이상 내 구원이 아니라고 생각했는데

아득하게 멀고 오래된, 영원하고도 무궁한
언니가 다시 내 구원이 됐어.

그러고 보니 언니 이름이 구원이었던가?
그럼 언니는 평생토록 구원이겠구나.

알고 있나요

이런 글을 읽는다고
구원이라는 게
가능은 할까요

솔직히 그렇잖아요
구원이라는 게
있기는 한 건지

지금 당장
누룽지 부스러기같이
하찮은 삶 속에서
구원을 찾는 것이
우스운 일일지도 모르죠

어차피 모든 것은 저물 테고
우리는 한낱 미물에 지나지 않는데

처음엔 그렇게 생각했어요
당신을 만나기 전까진

당신은
내게 구원이었어요

이 문장의 깊이를
당신은 알까요

Take 2

우리는 우리가 가진 만약을 소진하지 못했습니다

알고 있었습니까 이렇게 될 줄

또다시 여름입니다 폭염입니다
세계가 망해가는 날씨도 도무지 이상하지 않은 나날입니다

그렇지만 적어도 운다는 건 숨을 쉰다는 거겠지요

방은 아가리입니다 아가리를 벌리고 들어간다고 생각했습니다 무엇보다 당신은 불을 끄고 지내니 어두울 수 밖에요 *당신의 실루엣을 나의 그림자라고 불러도 되겠습니까* 어둠 속에서 희미한 당신을 겨우 보았습니다 당신의 입꼬리,
분명 웃었습니다 당신

모서리와 모서리가 만나는 곳이 방입니까
그렇다면 우리 몸은 둥근 겁니까
얼음이 담긴 유리잔에 맺혀 흐르는 물방울과 빗물과 눈물도
둥글다고 할 수 있습니까

당신은 죽지도 살지도 울지도 못합니다

세상을 이해할 수 없다고 이해하기로 했습니다
지겹다는 사실이 지겨워서

혜성은 오늘도 지구를 빗나갔습니다 내일도 그럴 것입니다 사람들은 환호하기보다 탄식하겠지요 그렇지만 우주의 새로운 모습을 발견하고 매번 사랑에 빠지면서도 왜 별의 죽음에는 아무도 관심을 가지지 않는 걸까요

적어도 나는 당신이 살아있다는 것을 위안으로 삼고 뛸 듯이 기쁩니다

꿈속의 우리는 고속버스에서
무더위에 땀을 흘려도 손을 잡고 나란히 앉았습니다
멀리서부터 집으로 돌아가는 중이었는데요
꿈은 깨기 마련이고

나는 결국

겨울 정원 : 영생에는 동그라미가 세 개나 있다

정원도 원의 일종이라
둥글 것이라고만 생각했다
동산이라는 말은 동그라미와 닮았으니까

풍경화엔 항상 나무가 심겨져 나왔다
금세 파지를 훔쳐 쓰는 그의 허리는
푸르게 푸르게

바다의 원료는 물감이므로
익사체들은 짭짤함 대신 씁쓸함을 느꼈다
자다가 죽었으니 잘 되었다는 말과 함께
겨울도 지나고 비도 그쳤고*

동그란
동그라미를

씹었을 때 정원은 더 이상 정원이 아니었다
겨울은 입구를 더욱 강조했다
강조에 쓰이는 건 하얀 하이라이트
낮은 곳에서 바라본 발뒤꿈치를 새빨갛게 닦아내고 있었다

엽서를 직직 찢는 소리를
그는 웃음소리나 울음소리로 잘못 이해하곤 했다

풍경화가 상상화가 되었다
이 땅에서도 숨은 자꾸만 가까워지고
나의 배꼽이 저지르는 추위는
퍼렇게 퍼렇게

깨문 혀에서 나무 맛이 나
나무를 맛보았다는 사실을 들키고도
원을 믿었다 그의 정원을

이름만 기념하게 될까 봐 두려웠지만 항상
그릴 수 있을 만큼만 건강하라고 말했어요

나는 그의 첫 번째 식민지였다

* 아가 2:11

구球를 바란 원圓의 소원

본디 무심한 당신 눈치챌 일 없겠지마는
조심조심, 당신은
알 리 없게 찬찬히 추스르는 정리 정돈

찬찬히 추스르는 정리 정돈 조금
서두를까 싶은 오늘 망설이는 두 손
그보다
내 소원에 반대로 소원해지는 당신에 조금
어차피 들리지도 않을 몇몇을 말하기를

내 하루는
당신의 사소함에 이랑지던 하루들이었다고
흙도 아닌 물도 아닌 나일 텐데
내 하루는 당신에 이랑지던 하루들이었다.

당신이 없어 편히 뱉는 한숨들
 내가 없는 사소함에 물결치던 하루들 당신 엮여 철겹게 울고 웃던 날들 하나둘, 감히 나 어찌 잊겠냐마는 애당초 잊을 생각 따윈 없으니까는, 그런 생각일랑 한번 한 적 없어 이랑진 하루에 갈라진 마음은 정리해야만 한다고
 당신이 없어 주워 담는 마음들

찬찬히 추스르던 정리 정돈 점점
서두르게 되는 오늘 거침없는 두 손

본디 무심한 당신은 끝까지 모를 일이라
거침없이, 무심한
당신 좀 보라고 요란히 서두르는 정리 정돈

언제 같은 사소함이라도 좋을 텐데
더 필요 없이 그거면 될 텐데

그거면 된다는 마음조차 무거울까
이르게 끝난 정리에 슬슬 밟아보는
뒷걸음질, 떼는 두 걸음 반

그 시의 이름은 구원

명명할 수 없는 기분이
한 보따리로 생겼다.
너무 신경 쓰지 마.
더위가 가실 즈음이라
어수선하던 이파리들이
하나둘 옷을 갈아입을 때
난 아직도 자두를 먹고 있다.
흐르는 과육이 손을 타고 흐르는
길을 따라
너는 눈동자를 옮겼다.
과육으로 뒤덮여 끈적해진 나의 손을
잡은 너는 속삭였다.
-*나는 사랑을 몰라*
아니 그게 사랑이야.
우리는 시소를 타듯
낭떠러지 앞에서 위치를 바꾸었고
하원 길 엄마를 만난 어린아이처럼
서로를 안았다.

난 항상 너의 머리맡에서
시집을 읽어 주었고
우리의 눈동자가 겹쳤을 때
어제 커튼콜이 떠올랐다.

그 시의 이름은 구원.

나락

수많은 계절을 거슬러
모래에 닿아 숨을 쉴 때에는
폐에 물이 가득 차서
빈 공간이 없는데
속이 다 보이는 허상이란

꽃가루가 날려서 네 그늘이 고여
여전히 날 가려
썩어 문드러진 날개를 삼키고

상실이 유효할 시에 하얀 절망까지 값을 매기고
적혀 있던 슬픔의 이름을 바꾸고는
그 안에 나를 가두고서

짓궂은 시간 뒤 함께할 바다는 가뭄이길 바라
목마름 속
서로가 유일한 물결이길 바라

아직도 통증을 느끼는 날이면 네 생각을 주로 하는 편이야

불이 꺼진 나의 천사에게
천 피트 떨어진 곳에서, 프롬

다 해서 구원입니다

고사리손으로 정성껏 엮은 어설픈 맹세를
좌판에 몇 두름은 늘어놓고 성급히 떠넘기며

구원 사세요 싸게 사세요
부담 없이 데려가 예쁘게 키워 주세요
반품이나 교환은 곤란하지요
久遠한 救援이 어디 있나요
어제는 어제고 오늘은 오늘인데

그야 내일도 마찬가지 아니겠냐는 말은
시커먼 우주 속에서만 웅웅 뱅글뱅글
별수 없지 뭐 사랑도 살고 봐야지

그렇게 모은 한 맘 두 맘으로도
잔뜩 빚진 미래의 허기는 달랠 수가 없어
건너편 좌판을 동공으로 몇 번이나 훔쳐 먹고

오늘도 기약 없는 희망을 입에 담아 버렸구나
하루에도 몇 번이고 스러지는 인간 주제에

아, 사랑이 이토록 오만할 수가

동거

너는 네가 내게 최초로 가져온 섬
내 사랑은 만조가 어긋난 썰물 망가진 전광판

맞댄 열 발가락들끼리 잘 그을린 표본처럼 누워 생명선의 길이를 재단했다

난 얼마 못 살고 금방 죽을 거야
왜냐하면 줄금이 짧으니까

그러나 웅크린 등이 자꾸만 살자고 말한다
서로 오래 함께 이런 수식을 곁들먹이며

표면에 암석을 던져도 흔들리지 않는 눈동자가 있어
이따금 회중목을 붙잡힐 때마다 밋밋한 게 다행일 수도 있구나
미처 받지 못한 착신음이 있었지만…

땅은 무너지고 하늘은 쉽게 변해
그런 게 마음이면 차라리 강산을 주라

삼십 년만 사랑하게

대홍수

바다의 미래를 점치며
꽃잎을 떼어 물결에 띄운 적 있지

너는 가장 마지막까지 남는 섬이 될 것이다

밤이 깊도록 비가 그치지 않는다
지구를 두드리는 불길한 점괘처럼

다짐은 후회의 다른 말
이해는 물 샐 틈 없는 오해
어쩔 땐 천박함이 가장 빠르고 안온하지

미친 미래에는 네가 없다 그게 제일 좋다
네가 누군가의 머리채를 쥐어뜯는 일은 일어나지 않는다
보기 흉한 머리통이 네 점괘가 되는 일도 없다
그런 듬성한 세계를 구원 삼아 나는 먹고 잔다

미래의 바다에는 악취와 꽃의 민둥해진 줄기가 떠다니고

그런 악몽이 오전 내내 머리 위에 머문다 버려진 그물처럼
  숙취가 비율의 문제라면 위악과 위안은 다를 것도 없지
  구원이 끝없는 지루함의 다른 말인 것처럼

  보송히 갠 하늘은 젖은 길과 무관해 보이고

  구름 하나 없는 하늘에
  구름이 생기는 이유를 짐작만 하다가
  눈을 감겠지

  긴 비
  짧은 꿈

  우리는 가장 마지막에 스는 녹
  모두 잠긴 뒤에 피는 붉은 꽃

바늘

부탁이야
아프다 눈감지 말아줘
차가운 압력에 짓눌려
떨어져 나간 심장을
모두가 지나쳐간다

날카로운 비 온종일 내리고
찌를 것 가득한 세상에서
꼿꼿이 서고픈 철없는 욕심이
둥글게 감겨 웅크린 나를
매서운 내리침 쓰라린 마찰
편협한 톱니바퀴 속으로
저 멀리 더 멀리 끝없이 몰고 갔다

온종일 내리는 빗속에서
시퍼런 나를 본다
무뎌진 내팽개침과 후회
찔리고 곪은 결핍에
녹슬어 드러난 얄팍함
나 아닌 낯선 내가 괴로워
숨 막혀 눈 감을 때

네가 말하지
떠난 이 보내주고
오는 이 실답게 바라보는
숨겨둔 아픈 비밀 꿰뚫어
촘촘히 기워줄 사람
섬세한 사랑이 여기에 있다고
나의 심장을 가리키며
마침내 네가 나에게 온다

아, 그 따스한 맺음이 반가워
반짝, 흐르는 빛

비바리움

  수면 위로 부서진 빛이 눈을 찌르면 눈부시다 너처럼 심야 극장에서 몰래 눈물을 훔치는 너와 눈이 마주치고 달려가던 네가 땀에 젖어 가쁜 숨을 몰아쉬던 늦은 오후 기르던 반려견에게 얼굴을 물어뜯긴 주인의 소식을 전하면서 너는 어째서인지 조금 웃었던 것 같아 나는 두 사람분의 식기를 마른 천으로 닦을 뿐 네가 담배를 피우면 담뱃불은 붉게 타들어 가고 반짝인다기보다 깜빡인다는 말이 어울리지 너처럼

  내게 몇 번의 전생이 있었는지 그렇지만 여러 번 죽어도 이번에는 인간으로 태어나 너를 만났구나 돌탑이 모여 있는 곳을 지나며 놀랐지 다들 무슨 소원을 빌었던 거야? 둥근 돌을 올려둔 탑을 보면서 이 사람은 얼마나 간절해지려고 했던 걸까? 너의 다정은 나를 죽이거나 살리기도 한다 분수가 뿜는 물줄기에 연꽃이 이지러지고 연잎이 찢어지면 식물이 자력으로 움직이지 못하는 게 비극 같아 그렇지만 마음은 표류하기 마련이고 마음에 이름을 붙일 수 있어서 다행이지

  애석하게도 거짓말을 배운 나의 장난감 천사야 잘도 웃는구나 나는 되돌아오지 않을 마음 앞에서 오래 기다리고 내가 만든 천사들은 죽지 않는다 죽는 게 두려운 너를 위해 내가 그렇게 코딩해두었다 아무도 너를 사랑하라고 종용하지 않았는데 사구에 발을 잘못 디딘 것만 같아 입안에서 묵주처럼 구르는 너의 이름,

스트라이크

침묵 등장한다. 무대 위에 가만히 서서 천장을 바라보다 입을 뗀다. 언제든 얘기할 수 있을 거라 생각했죠. 때는 많으니까요. 보통의 극작가들은 절 인물로 쓰지 않아요. 말을 많이 하는 캐릭터들은 여럿이잖아요. 전 늘 구석에 있었어요. 사이와 함께, 때로는 갈등과 함께. 짧게 서술되고 끝나버리는 존재에 대해 생각해보신 적 있나요? 호명되지 않는 자가 가진 우물의 깊이를 짐작할 수 있으세요? 돌멩이를 하나 던지면 무려 4초 후에. 1, 2, 3, 4… 물살이 튀는 소리. 아주 작은 진폭. 들리세요? 가까이 와서 들어보세요. 조금 더 가까이.

침묵, 기다리고 기다리다 자리에 앉는다.

긴
침묵.
머나먼 시선.
적막과 그림자.

그때
무대 위로 조명 한 줄기가 떨어진다.

사과 사탕

너는 붉고 매끄러운 것을 건넨다
나는 고개를 젓는다
이렇게 보고만 있을래
너무 아름다운 구체야
어떻게 이렇게 굳었을까

너의 눈에 물기가 깃들어
나는 사탕을 깨문다
파편이 안쪽에 붉은 흔적을 남긴다
굴곡진 곳, 납작한 곳을 구르다
오래전 사랑니가 빠진 곳을 파헤친다

그러나 네가 입을 맞출 때마다
달콤함 끈적함 사랑스러움
그런 맛들이 혀를 녹이고
나는 쉼 없이 깨물며 상처 입힌다

이 사탕은 무엇으로 만들었니
왜 이토록 달콤하고 날카롭니

천진한 물음에
눈물을 녹이고 저어 만들었어
왜?
무엇이 들었는지 보이고 싶지 않아서

우리는 매일 서로를 뜯어먹는다
사탕이 닳아 과육이 드러날 때까지

부서진 구체 부패한 눈물
향긋한 입맞춤 밍밍한 사랑
모두 기꺼이 삼킨다
꼭꼭 씹어 삼킨다

구원은 텅 빈 모습을 하고 있다 믿으며

인공호흡

그 언덕을 오르는 모든 쓸쓸한 노력들
모자란 숨을 고르다 결국 사라지는 사람들
그것 말고는 이 동네에는 아무것도 없습니다

연기처럼 피어오르던 혼잣말
매캐한 이야기들
나는 언제나 숨이 부족한 사람입니다

그래서
나는 매일 밤
당신이 자는 동안 뱉어놓은 숨을
밤새 찾아다닙니다

이 세상 어딘가에서
조용히 일렁이고 있을
당신의 호흡
나의 호흡

당신이 불어넣어 준 숨
하나하나 세어보면

조금씩 밝아오던 새벽

어젯밤에는 당신의 웃음소리를 찾았습니다
그 낡은 스웨터 같던 웃음소리
떠올리면 올이 하나둘 나가던
그 겨울에

연민

올라간 입꼬리는 사랑을 말해
떨리는 눈동자는 사랑을 말해
머뭇대는 입술은 사랑을 말해
흘러내린 눈물은 사랑을 말해

뜨거운 너의 눈물은
동상 입은 내 심장을 흠뻑 적셔
뜨거운 고통이 지나가
다시 나 심장이 뛰어
이제 조금은 살 것 같아

그런데 너의 눈동자는 아직도 추워
차가운 눈에서 자꾸만 뜨거운 눈물이 나와

워더링 하이츠에서 난 자꾸만 너를 불러

너의 미소만이 나를 구해
너의 목소리만 나를 구해
너의 눈물만이 나를 구해
너의 사랑만이 나를 구해

나를 구해줘
나를 미워하지 마
나를 떠나지 마요
나를 미워하지 마
나를 구해줘

구원 속엔   사랑이 있어
사랑 속엔   니가 있어
네 맘속엔   …

유기

오래 끼우고 있었던 반지처럼
목에는 목줄이 싹둑 잘린
그날의 흔적이 남아 있다

흰 선 따라 터벅터벅 걸었다
까만 불모지 위를 달린다

모두가 검은 네 발로 귀향길에 올랐다
발바닥은 있으나 찾아갈 집을 잃어버렸다

때가 낀 눈을 끔뻑거린다

달리는 하얀 집을 따라갔는데
발이 밟혀 죽을 뻔했어

발바닥이 없으면
집으로 돌아갈 수가 없는데

왼쪽 다리를 절뚝거린다

낮에는 손길 같았던 바람을
밤에는 당신 닮은 별을 구원 삼았다

내일이 올 거라 믿으며

언니야

1.
언니, 모든 일은 서둘러야 해.

슬픈 눈을 가지기 전에.
우리가 우리이기 전에.

2.
언니, 기억나? 그날 우리는 손을 붙잡았어.

사람들은 왜 우리에게 손가락질하는 걸까. 나는 아무것도 이해되지 않았어. 단지 마른 언니의 손등이 안쓰러웠어. 우린 같이 한 곳을 보곤 했었는데 그럴 때마다 누군가 죽어버렸어. 투신을 구원처럼 믿던 우린 투신의 방법으로 구원받는 별을 보며 기도했어. 언니에게서 나의 냄새가 났으면 좋겠다고 빌었어. 언니는 그걸 사랑이라고 발음했지만 우리는 키스를 하지 않았어.

3.
언니, 사람들에게 우리의 밤을 누설하자.

그렇다면 모두가 우리를 부러워할 텐데. 어른들 몰래 마셔보던 독한 술에 대해. 서로의 핑계가 되어주던 밤에 대해. 나는 이제 이해되기 시작했어. 우리는 한배를 탄 거야. 밤마다 들리던 언니의 숨소리. 언니, 숨 쉬는 방법을 잊어버린 거야? 그건 숨이 아니라 누군가 죽어버리는 소리야.

4.
언니, 우리가 탄 배로 영영 떠나버리자.

나는 더 이상 참을 수 없어졌어. 우리 몸에서 나는 악취. 시들어버린 장미. 사람들의 빨간 입술. 언니, 더 이상 숨 쉬지 마. 영원히 서로의 핑계를 대며 숨 쉴 수 있는 곳으로 가자. 셋을 세면 눈을 뜨는 거야.

하나
둘

저온화상

저녁에는 이빨이 드리우고
피로는 아픈 발음을 견디는 일

노을을 태우고 버스들이 달려가
새빨간 불길 같던 바깥이 가물거리다 조금씩 차갑게
사라져요 아무도 볼 수 없는 눈꺼풀 같은 밤이
저기서 기어 오고 있어요

지구가 서쪽으로 돌아누워도 지평선은 흔들리지 않는다

오로지 이빨만
잘 익은 과실처럼 우리의 방향을 따라 돌아누워 그래서 어제는
몽땅 빠져버리는 꿈을 꾸었지
그러면 더 이상 견뎌야 할 일도 없을 테지만

가을이 끝나면
백발 같은 겨울이 올 거야

마모된 사랑이 무릎을 대는 곳마다 자글자글하게 굳은 살이 박이는 땅을
　당신은 뭐라고 부를까, 발끝은 날마다 다른 온도로 식어 가고
　아무도 볼 수 없는 눈꺼풀 같은 놀이를
　우리는 하게 될 거야

　그래서 우리는 서로를 무는 거지, 아프지 말라고

지렁이

잠겨 죽고 있는 사람에게
구명조끼를 던져 줄 수도
우산을 건네 줄 수도 있다

사랑에 빠진 사람을
매몰차게 거절할 수도
익사시켜 죽일 수도 있다

지렁이를 위해 땅속에
속삭여 줄 수도 있다
내일 비가 올 것이라고

동시에 개미 떼에 둘러싸인 지렁이를 보고
생각할 수도 있다
개미도 먹고 살아야지 하고

동시에 동시에 개미를
밟고 밟고 죄책감 따위
잠겨 죽지도 않을 거면서
우산 따위 쓰고 다니는
인간이란

털보아저씨네 동네책방

먼지가 두둑이 쌓인 책들의 머리를 쓰다듬느라 지금 내 앞이 뿌옇게 보이고 잔기침이 나와 손을 휘적거린다고 하더라도 마냥 행복해할 수 있다네

책들의 등을 손으로 쓱 쓸면 묻는 그 먼지가 띠링 하며 열리는 문밖으로 날아가 버린다고 하더라도 난 그들이 다시 돌아올 거라는 걸 잘 안다네

온종일 누워만 있다 일주일에 몇 번 단지 몇 분 후루룩 열렸다 닫히는 책들이 평생 나와 함께 있다 하더라도 지루하다면 언젠가는 그들의 다리를 달고 문을 열어 바깥 공기 한번 시원하게 마시는 꿈을 꿔보기를 바란다네

얼굴을 잊을만하면 열리는 그 문에게 새로운 사람은 드물다는 걸 눈치챘다 하더라도 아는 체하지 말고 혹여나 너의 이야기가 세상에 나타나길 바란다면 스스럼없이 손 한번 뻗어주는 게 내 소원이라네

아사하지 못합니다

당신 떠나기 전엔 몰랐으나
당신 내 전부였던 모양입니다
당신 남긴 따스한 향취와 사랑한다는 말 한마디는
혈액 대신 내 혈관을 돌아
몇 번이고 내 가슴을 저릿하게 하는데
당신 이제 돌아오지 않을 것임을 알면서도
행여 당신 떠난 발자국 뒤따라 걷다 보면
언젠가 눈 마주치지 않을까 희망의 끈 놓지 못하고
나는 또 걸어가고 걸어가는 탓에
공복에 허기져도 넘어질 수 없는 모양입니다

아이러니하지요,
당신 내게 쥐여준 절망이
나를 오늘 걸어가게 합니다

해방

작별을 고한다
까닭 없는 미소에게
위로하지 않는 위로에게
누추함 속에 피어난 자랑에게
행복하다는 문장의 마침표에게
고요하게 무너져 내리는 나의 안녕

물에 살던 물고기를 밖으로 꺼내어
지독한 물로부터 널 구했다고 했다
한 방울도 남김없이 사랑하라 했다
무조건 사랑해야 한다고 했다
한계의 의미를 너는 알까

구원은 용서 같은 거예요
감히 대신할 수 없어요

뭍을 용서하고 나서야
비로소 숨 쉬는 나의 아가미

8월

여름을 겪어보지 못했던 우리는
훔쳐본 더위를 흉내 내기 바빴지
가난한 낭만이라곤
이불도 없이 벌벌 떠는 꿈을 재우는 것
5월에 넘어지고 11월에 깨어나
장마도 없는 날씨에 숨을 헐떡이는 시늉을 하고
어설프게 사랑이라 얘기했던, 12월

그런데도 우리는 바다를 봤어 침몰된 하늘을 봤어

갈라진 아스팔트 사이에서 자란 작은 이끼를
아지랑이라 착각도 하면서
우리는 과장된 더위에 닻을 내렸어

일렁이는 수평선, 곡선일 수밖에 없던 발음

황홀했던 4월의 여름
아니, 여름이었던 것 같은 허풍의 계절

나는 쏟아지는 밤에서 열대야를 느껴보았고
잘게 으깨진 한 겹의 숨이 내 어깨를 두드릴 때
비라도 오는 줄 알았어
그렇게 착각 같은 사랑을 하며
너와 엮었던 시선, 그리고 한 차례의 넘어짐

죄다 구원이었어
영원할 것처럼

너의 발음에 익사할 듯 숨이 멎었던 나는
결국 8월이야

Pietà

아래에서 보는 너의 턱은
꽤나 날카로워

너는 성당을 그만 다닌 지
꽤나 오래되었다 그랬지

이번 주도 어김없이 교회에서
회개를 하고 왔는데 말이야

성모 마리아에 대한 이야기는
네가 더 잘 알 텐데

들려주질 않아서
마음대로 생각했을 뿐이야

네 품에 안겨있는 모습이
마치 피에타와 같아서

너의 눈빛은 사랑해 준 것인지
나의 눈빛을 구원해 준 것인지

알 수가 없어서
그저 멍하니 바라볼 뿐이야

알 수가 없어서
그저 영원히 바라볼 뿐이야

파랑

　얘들아, 아빠가 날 사랑한대. 우리는 언젠가 죽겠지만, 슬픔은 남겨진 사람의 몫이라 말해왔다지만, 조금은 남겨질 사람도 신경 쓰자고. 나도 깨물면 아픈 손가락이고, 무작정 외면해버릴 수 없고, 아빠 아빠 종알거리던 어린아이를 마냥 지켜볼 수만은 없다고.

　우리 아빠 보기보다 마음이 여리다. 네모지만 푹신한 네모다. 가장 멋진 네모다. 작은 공처럼, 핀 꽂은 채 세상으로 튀어 나간 수류탄 중에 가장 멋지다. 나는 부드러운 네모가 되고 싶었는데, 한참은 멀었다.

　여리면 여린 대로 연약하면 연약한 대로 살아갈래. 딱딱한 네모로 살아가느니 연약한 네모로 남아 부서질래, 나는 파도에 휩쓸리는 자갈이 되고, 모래가 되고, 비로소 파도가 되어 흩어질래. 형체도 남기지 않고 살아있는 내가 무엇이었는지 모르고, 살아있었는지조차 모르는 대로.

　삼천 년 뒤의 사람들은 나를 보고, 파편을 느끼고, 남겨진 숨을 들이마시며 아름답구나, 말하고, 활강하는 물고기의 푸른 비늘, 그 안에 또 내가 비치고, 나는 나대로 그 파편들을 사랑하고.

내 가장 큰 사랑의 파편, 항상 돌봄을 필요로 하는, 애달픈 사람. 혼란 뒤에서 엿볼 수 있는 것, 소음 뒤에야 찾아오는 사랑의 언어. 그렇기에 미워지는, 나를 슬프게 하는 사람. 미움과 사랑으로부터 부서짐으로.

II

모종某種

　나는 나를 흥분시켜줄 원천 같음을 기다리고 있는데 그곳은 어디에 있는 거지 낙원을 가고 싶다 각자의 낙원은 분명히 있지만 그것은 각자의 여유를 기다려주지 않는다 고독과 외로움을 견디질 못하고 있음이 분명하다 나를 기다리던 낙원은 나에게 질려 죽어버렸을지도 모른다 녹아 없어진 그곳에 대고 나는 한 줌이라도 잡기를 갈망하고 있다

　무수히 흩어져 갈 이음새를 붙잡고

추억 수놓은 액자를 아십니까

우린 어째서 망각해야 합니까?
긴 시간 너머 내 파편을 두고 왔는데,
언젠가 삶이 지치고 고되어
날카로운 말과 무거운 책임이란 이름에
한 줌 피 흘린 날,
그 파편 한 조각, 두 조각 고이 품어와
해진 가슴 한구석 빈자리에 꿰매어 액자에 걸면
나는 그 이상 바라지 않았는데

추억은 어째서 빛바래야 합니까?
내가 온전히 취하기엔
과분하리만치 새콤한 기억만 고이 모아
흐르는 시간 너머 붉은빛 파편을 두고 왔는데,
사무실 형광등과 퇴근길 가로등에 눈멀어버린 날
보이지 않는 피 뚝 뚝 흘리며 붉은 자몽 빛 추억 찾았는데
마치 한여름 그을린 사과처럼 상하고 부식되어
더 이상 그 빛깔 온데간데없다면
나는 이제 무엇으로 눈뜨고 지혈하란 말입니까?

모종某種

나는 나를 흥분시켜줄 원천 같음을 기다리고 있는데 그곳은 어디에 있는 거지 낙원을 가고 싶다 각자의 낙원은 분명히 있지만 그것은 각자의 여유를 기다려주지 않는다 고독과 외로움을 견디질 못하고 있음이 분명하다 나를 기다리던 낙원은 나에게 질려 죽어버렸을지도 모른다 녹아 없어진 그곳에 대고 나는 한 줌이라도 잡기를 갈망하고 있다

무수히 흩어져 갈 이음새를 붙잡고

추억 수놓은 액자를 아십니까

우린 어째서 망각해야 합니까?
긴 시간 너머 내 파편을 두고 왔는데,
언젠가 삶이 지치고 고되어
날카로운 말과 무거운 책임이란 이름에
한 줌 피 흘린 날,
그 파편 한 조각, 두 조각 고이 품어와
헤진 가슴 한구석 빈자리에 꿰매어 액자에 걸면
나는 그 이상 바라지 않았는데

추억은 어째서 빛바래야 합니까?
내가 온전히 취하기엔
과분하리만치 새콤한 기억만 고이 모아
흐르는 시간 너머 붉은빛 파편을 두고 왔는데,
사무실 형광등과 퇴근길 가로등에 눈멀어버린 날
보이지 않는 피 뚝 뚝 흘리며 붉은 자몽 빛 추억 찾았는데
마치 한여름 그을린 사과처럼 상하고 부식되어
더 이상 그 빛깔 온데간데없다면
나는 이제 무엇으로 눈뜨고 지혈하란 말입니까?

내 조그마한 추억 한 움큼,
가슴 한구석 듬성듬성 얽매인 사진 한 점
그것이 나 세상 살아가게 하는
내 세상 전부와도 같았는데

사적인 관찰

늘 마주하는 햇살이 유난히 따갑다

손으로 그늘막을 지어내 귀찮은 듯 햇살을 좇는 이들을
떠올려 본다 내리쬐는 햇살이 이리도 따가웠던가
그리도 매정하게 다가섰던가

살갗을 뚫는 햇살을 자리에서 가만히 받아들이고는
밀려오는 생각들을 멀찍이 세워 두었다

행하지 않은 고통
행하지 않은 책임
내 것이 아닌 것들을 삼키며, 내 것을 뒤적여본다

너는 참 다정하구나
내 것을 떠올리며 옮기는 발걸음이 낯설다

따갑다 따가웠다
부러 세워둔 생각을 지나치고는
언젠가 쓰던 '이해'라는 단어를 또 꺼내 끄적여 본다

어느새 이름이 붙여진 생각을 따라 매겨진 값을 재어본다 익힌 듯 몸에 밴 자연스러운 몸짓엔 멋스러운 단어가 따라붙는다

얼마나 게워냈는지 모른다
온전한 것을 향한 갈망

내 것인지 내 것이 아닌지 모르는 매겨진 값들을 떠올리며 올려본 시선 너머엔, 애써 세운 그늘막을 비웃듯 힘찬 발걸음이 새겨진다

구원을 바라지 않는다
누구도 구원을 바란 적 없노라 고한다
아무도 구원을 바란 적 없노라 고한다

살갗을 에리는 햇살을 더 이상 이해하고 싶지 않았다

I AM GAY

별의 죽음으로
새까만 밤하늘
매혹적으로 핀
핏빛 달님이여
주의 이름으로
나의 뒷골목을
찾는 이들에게
슬피 전해다오
그대 눈동자에
차오르는 피가
팍 터져버리고
어둠이 고이는
너를 붙잡고서
옷을 벗기고서
빨간 이곳에서
나와 단둘이서
한껏 춤추면서
주의 이름으로
더럽히는 거야

그러니 도망쳐
검은 뒷골목의
붉은 나로부터

각자의 침몰

눈물에 허덕일 때가 있다

까슬한 눈물에 감겨
하릴없이 허우적거리고 끊임없이 침몰한다

몸에 힘이 들어가면 더 잠길 뿐이라고 누군가 그랬다
힘을 빼는 방법은 들은 적이 없다
숨을 마시려니 눈물만 들이키게 된다

온몸으로 던지는 손짓과 발짓은 내게만 온 것이다
나는 나에게 절망을 가르치되
나는 나에게 체념을 배우지는 않으련다

숨을 내뱉고 힘을 굳세게 준다
잠수하는 침몰선은 침몰하지 않는다
침몰하지 않는 침몰선은 침몰선이 아니다

눈꺼풀 빼고는 전부를 가라앉힌다
발톱이 할퀴다 발가락이 눕고 발바닥이 껴안으면
잠수정이 된 침몰선은 유영하는 비행선이 될 수 있다

흘리고 뱉어내고 쏟아내고, 털어내고 닦아내다
종래에는 말려낼 수 있다

그제야 누군가 내게 그럴 수도 있다
구원은 네 발 아래에 있다

하지만,
그래요

나는 나의 침몰을 안다
나는 각자의 침몰을 안다

각자의 침몰은 각자의 구원을 필요로 한다

고래

가라앉는다
무거운 몸이 아주 오랫동안
눈을 감아도 떠도
보이는 세상이 같다

동공과 홍채가 뒤섞인다
흑정이 흰자위를 집어삼킨다
작은 블랙홀 속으로 온 어둠이 밀려든다
공허한 몸을 메우려 든다

가라앉는다
울컥울컥 쏟아져 들어오는
어둠을 견디며
여전히 나는 가라앉고
눈꺼풀의 위치를 잊는다

고래를 기다린다
큰 지느러미로 가라앉는 나를 지탱하고
힘차게 꼬리로 시꺼먼 물을 가르며 솟아올라
나를 끌어올려 줄

고래,
스며드는 빛으로 부서지는 빛으로 완연한 빛으로
빛으로 빛으로 빛으로

내 등에서 지느러미가 솟아나기를
나의 몸이 미끄러워지는 것을
숨구멍이 틀어막힐 때까지 기다린다
고래를 기다린다

나의 꼬리가 돋아나는 것을
내 안의 힘줄이 무엇보다 질겨지는 것을
숨이 막혀온다면, 수면 위로 올라가야만 해
고래를 기다린다

눈을 뜨고 온몸으로 고래를 맞이한다
구원의 춤을 추며 고래의 노래를 불러야 한다
아, 해저를 힘차게 내디딘 저 고래의 상흔 물그림자 어루만지면
수면을 뚫고 내려오는 빛줄기가 기다린다

공

 무거워 내 것이 맞나 두고 갈 수는 없어 나는 갈 데가 있어 분명 가고 있는 중이야 두 팔이 다리였으면 좋겠어 나는 짐승이 되면 안 될까 아무것도 아닌 게 되고 싶어 그러나 생각할 수 있어 마음이 늘 우선이야 울 수도 있고 내 감정에는 눈물이 있어 잠시간 가슴이 아파 너무 아파 정형을 이탈한 곳, 내가 있어야 할 곳에 다다랐나 봐 퍼붓는다 내게 도대체 무얼

 없어 아니 있는데 형체가 없는 것들이 말을 걸어 들려 듣고 있어 응 말해 천천히 말해 그랬대 내가 태어났던 해부터 지금까지 먹지를 못했대 그래서 이렇게 없대

 알고 있었어 나는 지금껏 살아왔던 거야 오직 이 순간을 위해서 줄게 내가 가진 게 없기는 왜 없니 있는데 무거운 거 있었는데 뭐였더라 가방이었지 기다려봐 허기는 곧 사라지게 될 걸 가방 지퍼를 열면 누워있는 내 몸이 있어 이걸 들고 여기까지 온 거야 꿈꿔온 순간 가슴은 아직 많이 아파

나를 꺼내 놓고 나누어 주었어 이제 아무도 배곯지 않아 행복한 거 맞지 웃네 웃네 정말로 행복한 거 맞지 나는 있지 형체가 없는 것을 늘 사랑해왔어 그래 말하자면 내가 사랑을 하게 됐어 덕분에 나 이렇게 살았네 고마워 고마워 잘 가 안녕 안녕

구에서 일을 구원에서 구원을

 실없이 방관하는 내 역겨움의 빈도는 장마철 습도와 함께 사정없이 올라갔다 상승하는 불쾌함과 거울 속 쌓인 수치. 뿌옇게 번져있는 모습은 어느 곳에서도 확실치 않은 내 입지 마냥 희미하게 하얗게 질려버렸다 아버지 아버지, 어느 순간 보이지도 않는 아버지를 찾고 아버지 아버지, 들리지도 않는 침묵에 귀를 열고 있다 내 유혹의 뿌리는 먼발치에 있지 않아요. 다만 기쁨을 주소서. 다만 안락한 잠을 주소서. 다만 악에서 구하소서. 사내는 돌을 주워 말없이 돌을 삼키고 소화된 돌을 다시 꺼내다 내 입에 가득 쑤셔 넣었다 아버지 아버지, 내겐 죄가 득실거려요. 내 머리를 쳐주세요. 내 머리를 쉬게 해주세요. 기쁨은 먼발치에 있지 않아요. 다만 몸을 숨기고 털끝 하나 보이지도 않아요. 긴 침묵과 내게는 익숙한 옅은 숨소리와, 흐느끼는 소음들. 매서운 감각들. 날이 서고 한껏 경직된 공장 밖 목소리들. 이명에 붙은 미련인지 왜곡된 아이들의 웃음소리인지 내 여름날의 희뿌연 잎들. 아. 내 숨통을 거머쥐는 희한한 주둥이들. 저것들이 나를 깔보고 멸시하며 웃고. 자꾸만 나는 귀를 파내고. 핏덩이를 기울이고. 뭉친 내 가엾은 친구와 부모와 자화상을 부여잡고. 갈기갈기 찢어버린 유년의 기쁨은 늘 숨을 참았고. 아. 그저 조각난 입을 다물었고 난 입을 막아 죽은 척 뻗어 있었지. 열 밤만 기다리면 될 거야. 하루에서 이틀, 어느덧 나흘하고 닷새, 숨죽이고 아흐째 되는 밤을 기다려 기다려, 어서 눈을 감았다 뜨면 가느다란 실오리가 있겠지. 다만 기쁨을 주소서. 내게 안락한 잠을 주소서. 고작 하나 남긴 자정을 넘기소서. 숨죽이고 원이 차길 기다려 기다려, 실오리 같은 희망希望이 차길 기다려 기다려, 구九에서 일日을. 구舊에서 일一을. 구원久遠에서 구원救援을.

球圓

수많은 시선과 질책에 침잠돼
머릿속이 하얀 재로 타들어 가는 기분이 들 때

우리는 성경 속 구절조차 읽지 못하는
벙어리 눈사람이 된다
성탄절 교회 아이들이 빚어놓은
아담한 눈사람 한 쌍

나는 춥고
당신은 외롭고
우리의 동그란 몸체는 서로를 구하려고 할 때면
하릴없이 데굴데굴
굴러떨어진다

고사리손으로 꽁꽁 뭉쳐진 몸은
부서진대도 여전히 구球일 뿐
메시아의 거룩한 날개나
길쭉한 두 다리와 같은 것은 생기지 않는다

그럼에도 불구하고
우리는 침엽수 잎이 함뿍 내려앉은 눈덩이가 되어
세상에서 가장 푸르고 둥근 마음으로

서로에게 안기며 녹아내릴 터
붉고 질척한 세상을 뒤로하고
투명하게 증발해버리자

유약하고도 새하얀
다만 구원球圓의 마음으로

구원

1. 사람

수많은 사람들 속에서
사람, 사람, 사람이 보이기 시작했을 때
비로소 나는 사랑이라는 단어에 의미를 실을 수 있게 되었어

사람의 눈을 빌려 눈물을 흘리고
사람의 잠자리를 빌려 몸을 누이며
여태껏 나는 살아있는 사람이길 포기하지 않을 수 있었어

2. 삶

사람은 사람을 통과해 여전히 각자인 채로
삶은 구원을 통과해 여전히 삶인 채로

어쩌면 구원은 두껍고 무거운 책 속 얇은 페이지들 같아
어쩌면 구원은 그 얇은 페이지 속 단 한 문장, 혹은 단 한 단어, 혹은 단어와 단어 사이의 여백 같아
어쩌면 구원은 가름끈 같아

팔랑, 마음이 마음을 덮는 소리
손등과 손바닥처럼 멀어지는 거리

가름끈을 둔 페이지를 다시 한번

3. 신

수많은 사람들 속에서 처음으로 사람을 발견했을 때
나는 비로소 사람이 되었어
그래서 나는 사람을 사랑하는 사람이 될 수밖에 없었어

어쩌면 구원은 위에서 아래로 향하는 것이 아닌
같은 높이의 땅을 밟고
같은 높이에서 눈을 맞추는 것

신의 관점으로 사람을 보는 사람이 아닌
사람의 관점으로 사람을 보는 신

구원의 문장

신을 사랑하지만
아무것도 믿고 싶지 않아지면 어떻게 해야 하니

한 사람의 호흡이 가빠진다
짠맛이 나는 방 안에서

너는 내 입술을 가득 틀어막은 채
속삭인다 나는 익어가고 있는데

그건 투정 같은 거야
네가 하지 않으면
아무도 널 사랑할 수 없어 그러니까

그런 기분이 들 땐
너를 믿어
누구보다 너를

그리고 매듭지은 관계를 용서해

더 이상 어떤 신에게
손바닥을 비벼야 할까

선명한 순백의 맛과 볼을 붉힌 소금물
핥아주지 않는, 한때 구원이라 여겼던 것

나는 이제 착한 아이처럼
스스로 내 몸을 닦으며 고백한다

" "

라고

금붕어

1300평의 수족관
바다 공포증과 맥주병
물과 가까워질 수 없는 나의 유일한 수단

그 수족관 한 가운데에는 백색의 고래가 홀로 뱅글뱅글 돌고 있다
망망대해로 느껴지는 1300평의 수족관이
고래에게는 고작 13평으로도 안 느껴질 크기

행운의 금붕어입니다!

고래의 피폐한 동공에는 우스꽝스러운 마술사가 비친다

행운의 금붕어 입니다!
소원을 빌어 보세요!

어린아이들은 금붕어 앞에 서서 구경하느라
젊은 청년들은 우리의 사랑이 영원하기를
늙은 노인들은 조금이라도 더 연명하기를

남녀노소 그 작은 금붕어에게 빌고 빈다
흔해 빠진 종교보다 금빛의 금붕어
손길을 내미는 사이비보다 마음을 꺼내 먹는 금붕어

행운의 금붕어입니다!

어느새 발길이 지느러미를 향하고
고래의 뱅글뱅글 도는 몸짓도 잠잠해진다

고래의 피폐한 동공에는 20센티 어항 속 금붕어가 비친다

저 작은 것에도 행운이라는 단어가 붙는데
나의 몸에는 무엇이 붙어 있지
별 볼 일 없는 따개비 말고 더 무엇이 붙어 있단 말인가

행운의 금붕어입니다!

마술사의 외침과 함께 수족관에 금이 가기 시작했다

행운의 금붕어입니다!

쩌적, 쩌적, 쩌적…

고래의 눈에서 빛이 생겼다

아, 나는 헤엄을 못 치는데

고래의 눈이 나를 향하고
고래의 지느러미에는 내가
나의 손에는 고래가 잡힌 채

수면 위 빛이 보였다

소원을 빌었어?
응
왜?
자유롭고 싶어서
나도

나도 너랑 자유롭고 싶어서 빌었어

머지않은 미래에서

이 나태한 고통은 아직도 여전해서
갈 곳 잃은 어린아이처럼 주저앉아 구원자를 찾게 된다
구원자는 없다 구원자는 나 자신, 그러나
나는 나를 구원하지 못할 것이다

아픈 사람과 먹는 죽
이것은 아픔을 함께 나누자는 의미
누군가의 도움이나 손길이 필요할진대 나는 같이 먹는 것 외에 할 수 있는 게 없다

머지않은 미래가 슥 경고장을 날린다
조심해야 한다는 마음가짐보다
두 눈 감고

그 미래, 초연하게 기다리면서

베개

늪에도 베개는 있다
누군가의

세상 끝에도 집은 있을 거야
모락모락 김이 나는
음식과 이불

날씨를 잘못 선택해도
부끄럽지 않은 날들이 거기 있다

집을 중심으로
우주가 한 바퀴 돌았다는 뜻

망친 사람은 없고
잘 만들어진 의자는 있는

우울에도 색이 없을 수 있다 말하는
점성술사도 없는 그냥 집

잃어버린 강의 이름과
잊어버린 새의 날개 대신

모락모락
굴뚝 연기

세상 끝에도
계절 냄새를 맡을 수 있는 때가
올 것이다

모국어로 할 수 있는 말이다

빛줄기

검은 비
펑펑 땅을 깎아내는
포탄 비

초록 잎
차가운 땅을 아귀 쥐는
어린싹

눈먼 빗방울의 폭발에 휘말리지 않으려 낮게 엎드린 채
그저 이 약자에 대한 차가운 열정 같은 폭력이 그치기를
이 악물고 버틴다

그때 까마득한 먹구름 틈새를 비집어 열고
그 사이로 밝은 손 하나
따스히 뻗는 태양이 있으니

쓰러져 있던 미래의 기둥인
아직 새싹의 손을 붙잡고
일어설 힘을 내어준다

빛줄기를 붙잡고 검은 땅에 깊게 뿌리내린 그는
쓰러질지라도 쓸려가지 않고
다시 일어서는

굳센 줄기를 가진
커가는
현재

성형외과 김숙희 씨

사람마다 문을 여는 소리가 다르다면
당신은 문고리를 세게 쥐고 있을 거예요
사과 껍질처럼 길을 내는 손아귀를 보세요
불쌍하지도 않으세요?
그 조그맣고 어린 것이 당신의 바깥으로 열심히 건너가고 있잖아요

자궁을 열었던 과거를
없는 일로 해달라는 김숙희 씨

이곳은 당신을 구원하는 자리가 아니에요
빌려다 드릴 수는 있어요
당신이 아물기 위해서 주삿바늘이 당신을 통과할 거예요

상처를 덮기 위해서 또 다른 상처를 갱신하는 일은
제가 보기 힘드네요

신발을 벗지 마세요
아직 수술대 위에 올라가면 안 돼요

당신이 갈라버린 탯줄을 생각하세요
진정하세요

당신이 지녀야 할 책임을 모르시나요?

아주 한참을
그 자리에 서서
여름 햇살에 표정을 말려야 해요

스위치

검은 방을 더듬어
단번에 밝아지면
왈칵 공포를 떨구고 마는
그런 밤 같다

행복의 복과 불행의 불은
동시에 허무한데

영원하지 않게 허무하고
늦지 않게 저물어
낱낱이 무너졌다가 틈틈이 일어서는 것

이런 걸 휘우듬하게 해내며
사람은 평생을 자라난다

창을 열고 잠드는 날엔
건너편 불빛이 얼굴 위로 잠시 스친다
그것에 의지해 찾은 나의 빛이
또 다른 창으로 옮겨 간다

몇 개의 창을 건너
내 곁에 왔나

이 방에서 새어 나간 구원은
지구를 돌아 다시 이곳까지 올 텐가

시인 지망생

우울
……
권태
……
무기력이 덮는다

그들이 수은으로 바뀐다
흡수되어 혈관을 따라 굴러다닌다
적혈구는 산소 대신 구슬을 잡아가려 애쓴다
숨이 막힌다
가라앉는다
끝인가
체념한다

몸이 돈다
은빛 웅덩이 위로 오르기 시작한다
영혼이 빠져나가는 중인가
이윽고 늪을 빠져나왔다
왼손이 하늘을 향해있다
그 끝에 눈부신 연이 보인다

나는 하나의 얼레였다

포기하듯 던져둔
오랜 꿈이
구원이었다

연을 따라
하늘에 오른다

염장鹽藏

휠체어에 기댄 비둔한 몸뚱이
내 아들 미국 목사님인디

생선 장수 아들
비릿한 어미 냄새 팔아
미국 대학 졸업한 수재
기어코 목사님 되었다오

모진 생애 이고 살았던 훈장으로
둔탁한 몸뚱이 하나 남은 제 어미는
아들 산다던 미국 그 동네 한 번 못 가봤네

긴 세월 새벽시장 사연을 지킨 어미의
두 다리는 기능을 잃고 형체만 남아
차마 다시 서는 법을 잊었네

더 이상 팔 것이 없어
몹쓸 덩어리만 남은 어미는
삼 년째 아들 전화를 기다리고

못 배워 소박맞은 막내딸
손에 어미 몸 간신히 들려있네
그래도 내 아들
하늘나라 말로 구원하는 목사님인디

미국 한인 타운 젊고 멋진 우리 목사님
미국 말로 강연한다던가
사진으로만 봤다던 손자 이름이
'쟈니'였다던가

함께 살았던 비릿한 지하 방 냄새
아예 없었던 일이 됐다던가
냄새 싫어 도망쳤다던가
제 엄마 죽어가는 거 몰랐다던가

삼십 년 자반 염장했던
두 손에 감각이 저리네

영혼의 허기

한 사람의 영혼이 울고 간다
밤새 기도를 하며
여리고 여린 마음을 길게 덮쳐 누르듯
생각에 기억을 멈춘다

내가 바라보는 세상은 더없이 푸르고
넘실거리는 호흡
회색빛 불구덩이 속
흩어진 푸른 잎들 어지럽게 펴올라
표정이 살아 움직이는 물체로 드러난다

그 자리에 있었는데
오늘은 아멘 내일은 수행의 참선
몸속에 끓어오르는 팽팽한 영혼을
눈물에 절여 지루한 목덜미 속으로
둥글게 둥글게 나를 세워 본다

빛이 보인다
그 빛의 세계는 내게 가장 가까운 꿈
존재로의 꿈

먼동이 차오르고 나는 끝없이 흘러간다
기억 속
헝클어진 육체의 시간 속에 잠들어 가고
이 비 그치면 호흡이 빨라지는 바닷속으로
서러운 영혼 어슴푸레 와 닿는다

세찬 빗소리에 내 눈망울 속 별빛
맥박이 뛰며 짜릿한 푸른 바다는
주문을 외우듯 존재를 알리고
사라졌던 망각과 위로가 쌓여
멀리멀리 바닷속으로 기억을 만든다

비가 내린다 종일 뿌린다
그럼에도 우중충한 영혼까지
스멀스멀 피어올라
우리의 마음을 적시고 땅도 축축하고
무언가 중요한 일을 해내고야 마는
꿈속에서 긴 호흡을 내쉰다
허기진 냉혹한 세상에서

줄리엣 살리기

상처받은 줄리엣
심장이 터져버린 줄리엣
마구잡이로 밟혀버린 줄리엣
만신창이 줄리엣이
바닥을 기며 꺽꺽 운다
줄리엣이 다 죽어간다
정말 거의 죽은 줄리엣

줄리엣을 살린 것은 줄리엣이었다
줄리엣의 두 팔이 허리를 받쳐 안고 줄리엣을 들어 올리자
줄리엣의 손가락이 양쪽 볼을 쓰다듬고
줄리엣의 단단한 허벅지가 땅을 지탱하고
줄리엣의 눈알이 반짝 빛나고

줄리엣의 어깻죽지에서 날개가 뚫고 나왔다
줄리엣이 하늘을 난다
파란 하늘과 줄리엣
샛바람 불고
구름 한 점 없다

토마토 바질 에이드

  손끝에서부터 스며들어오는 건조한 기도 궁금해하지 마 손톱 밑에는 벌써 피가 굳어져 있었고 껍질까지 책임져야 하는 하루를 상상해 토마토에게는 일상일 뿐이지만 그렇지만 그런 하루 속에서도 햇빛에 짓눌려 유리창이 깨지기도 한다는 사실을 알고 있니 그러니 우린 바질을 씹어야 곱씹어야 해 허브가 있어야 내가 창백한 얼음 사이를 뛰어다니며 너를 흘리고 흐릿하게 기억하게 될지라도 선명하게 가라앉을 수 있어 어디에도 들러붙어 있지 않고 온전한 하나의 무게로 나 홀로 그대로 이루어지지 않을 상상으로 부푼 탄소 속을 떠다니고 싶어 품속에 누가 담겨있는지 훤히 보이는 유리컵과 같은 손길 끝에서 입술이 닿아도 체온은 섞이지 않을 당신의 허리춤 그 어디쯤에서

윤회

왜 아무도 누구의 구원자로 남을 수 없는지 아십니까?

구원에도 유통기한이 있기 때문이고
정기적으로 갱신을 해야 하기 때문입니다.

한 번 발이 빠진 사람은 발에 자주 돌부리가 채이고
패인 구덩이를 금방 발견합니다.

한 번 일어서고 나면 자꾸만 다시 넘어지고 싶은
깜찍한 비밀을 간직하게 된다는 걸,

유통기한은 제조 연월 및 사람에 따라 다르니
비밀로 해둡시다.

어쩌면 절망은 버릇 같은 것
어쩌면 비망은 관성 같은 것
이겠습니다.

구원이 실은 '공 구' 자가 만들어 낸
허상이라는 걸 아시는지 모르겠습니다만

한 줄기 빛과 한 번의 손짓에 만족할 자는 어디에도 없고
구원의 윤회 속에서 도망이 불허되는 자는
오직 나뿐이랍니다.

무한의 궤도처럼 돌고 도는 구와 원.

아무도 누구의 구원자는 될 수 없고
오롯이 내가 나를 구원하라는 말은
그래서 거짓이 아닙니다.

나는 정기적으로 발이 빠지고
무릎과 발목은 두고 다닙니다.

결국 발이 빠진 곳으로 돌아올 예정이라 그렇습니다.

유통기한이 없는 손이라면 내어주시고
정기적인 갱신이 어렵다면 거둬주십시오.

억겁의 시간 동안 나와 다시 태어남을 원하지 않기를 바랍니다.

당신은 거듭 다시 태어나는 당신을
부디 끝마치길 바랍니다.

청록 인간

　난 영원히 시퍼런 파도에 잠겨 죽고 싶었다, 그들의 군청이 나를 경외로부터 감출 것이니
　라는 말을 그림자처럼 내뱉게 되고

　검게 칠갑한 밧줄은
　혹여나 나를 이끌어줄까 기대하며
　손목에 둘둘 감는다
　자라나는 덩굴처럼 나를 옭아매더니
　손목만 뚝 끊어내고 시든다

　내게는 아직 발목이 있잖아
　아직 모가지가 남았잖아
　공중에 누워 불꽃만 쏘아 올려 본다

　나트륨 켜켜이 묻은 폭죽을
　눈 감고 터트린 것은
　언젠가 땅 밟아보지는 않을까
　감히 샛노란 희망을 품었던 탓이다

스스로 지하 공중에 발 담글 즈음
청록의 흙은 이야기했다
계단을 만들어 줄 터이니
변덕스러운 마음이 일렁일 때 눈꺼풀을 움직이렴

난 온몸을 담그며 냉소했다
우주 만물은 무너지지 않고서 존재할 수 없는데
너인들 오롯하겠느냐고

……

지하가 흩날린다
우주의 지진이 더욱 과격해진 이유이다
이내 우왕좌왕하던 먼지가 가라앉고
나는 비로소 눈을 뜬다
빈 폭죽 속의 휘영한 나는
주위를 둘러봐도 어둠뿐이다

흙바닥 아래로 꺼진 청록이 우리를 나무란다
숨이 붙어있는 한
구원의 형태는 코앞에 자리할 것이라고
공들여 붙잡지 않아도
곧장 청록을 따를 수 있다고

바다 위 미풍과 잔디 아래의 내가 만난다
나는 바닷물과 이파리 사이로 떠오른다

청록은 곧장 내가 되고
그렇게 잦아드는 암영
피어오르는 손길

위탁 수하물

안내방송으로 비상시 탈출 요령이 나옵니다 의자 밑에 있는 주황 튜브가 우리를 지켜줄 겁니다 줄을 잡아당기면 부풀어 오르는군요 한 번쯤은 기대보고 싶습니다 구명이나 구원 같은 것들

앞 좌석에 달린 화면으로 흑백영화를 봅니다 밤은 다른 어둠을 쓰고도 여전히 밤입니다 챙 넓은 모자를 쓴 남자가 빗물이 고인 천막을 빗자루로 찌릅니다 사내의 모자 위로 물이 쏟아지는 장면을 몇 번이고 돌려봤습니다

자막은 없지만 입 모양만 보고도 알 수 있는 것이 있습니다 남자는 손에 우산을 들고도 얇은 비는 맞는 사람입니다 바짝 깎인 그의 목덜미 주변이 반짝입니다 테이블 위로 공책을 펴두고 남자의 대사를 적습니다

오래전 내 머리를 염색해준 사람이 있었어 그는 이마에 염색약이 묻어도 금방 지울 수 있도록 바셀린을 발라줬지 이후로 나는

흑연이 묻은 손날이 빛납니다 번집니다 기체가 흔들립니다 비상등이 켜집니다 사고를 믿지 않는 단정한 승객들

옆좌석에 앉은 사람이 웃으며 말을 겁니다 그의 입 모양을 읽습니다 저만 두렵습니까 눈이 건조합니다 캐리어 안에 넣어둔 무거운 담요가 필요합니다 통로가 비어 있습니다

구름 위에 있다면 내 머리 위로 떨어질 빗방울은 없겠지

모자를 눌러 씁니다 한 겹의 밤이 더해집니다 공책에 적어둔 대사를 깨끗이 지웁니다 창밖에 비가 내립니다 승무원은 보이지 않고 벨트를 매라는 목소리가 남았습니다

안전합니까 종이와 사람 중 빛을 잃어버린 쪽은 어디입니까 신발이 젖어갑니다

해

멍하니 지는 곳을 바라본다
잠시 잠든 사이
세상의 빛을 몽땅 훔쳐서는
벌건 발자국을 남기고 가는
찬란한 서의 뒤통수를 바라본다

지구가 달리니 태양 사라진다
나 앞으로 가면 나 비춰주던 것 사그라진다
어둠 사이 반짝이는 잔상이
나 투명히 축여주면
그 순간 고락은 손 맞잡고 춤을 춘다

타원의 지구가
다시 광원의 구원을 만날 때에도
직선의 나는
여전히 매선 밤을 무용하고 있으니
외로움을 태워
몸 껍데기를 태워
횃불 연기에 보내는 생존 신고

같은 밤을 걷던 수많은 해가 모여
햇덩이의 빛을 일렁일 때
비로소 시리도록 빨갛게 다가올
유일한 동의 얼굴을 바라본다
떠오르는 곳을 바라본다

파도시집선 009

구원

초판 1쇄 발행 2022년 9월 23일 추분
　　6쇄 발행 2025년 6월 13일

지 은 이 | 정성주 외 53명
펴 낸 곳 | 파도
편　　집 | 길보배
등록번호 | 제 2020-000013호
주　　소 | 서울시 서대문구 증가로 17길 38
전자우편 | seeyoursea@naver.com
I S B N | 979-11-970321-9-6 (03810)

값 10,000원

ⓒ 파도, 2022. Printed in seoul, korea.

* 이 책의 판권은 지은이와 파도에게 있습니다. 양측의 서면 동의 없는 무단 전재 및 복제를 금합니다.
* 맞춤법과 띄어쓰기는 원본에서 기인하였습니다.
* 파도시집선 참여 작가들의 인세는 매년 기부됩니다.